딸아,
너는 나의
보석이란다

| 다이어리북 |

만년형

Love Letters from your King

아바서원

to do list

- [ ]
- [ ]
- [ ]
- [ ]
- [ ]
- [ ]
- [ ]
- [ ]
- [ ]
- [ ]
- [ ]
- [ ]

1
January

나의 보석, 내 딸아
내가 너를 선택했다

1

January

memo

SUN	MON	TUE

WED ⟋⟍⟋⟍ ◯ **THU** ⟋⟍⟋⟍ ◯ **FRI** ⟋⟍⟋⟍ ◯ **SAT** ⟋⟍⟋⟍ ◯

January

나의 보석, 내 딸아
내가 너를 선택했다

나의 딸아, 기억해라. 내가 너를 택했지만 네가 나를 대변하는 왕의 딸로서 살아갈 것인지에 대한 선택권은 너에게 주어졌다. 네가 기꺼이 그렇게 살기로 선택하면 나는 너의 부르심을 이루는 데 필요한 모든 것을 너에게 줄 것이다.

너희가 나를 택한 것이 아니라, 내가 너희를 택하여 세운 것이다. 그것은 너희가 가서 열매를 맺어, 그 열매가 언제나 남아 있게 하려는 것이다. 그리하여 너희가 내 이름으로 아버지께 구하는 것은 무엇이든지 다 받게 하려는 것이다.

—요한복음 15:16

MON

TUE

WED

THU

FRI

SAT

SUN

January

나의 보석, 내 딸아
너의 삶은 교향곡이다

사랑하는 딸아, 세상의 소란스러움이 너의 멋진 멜로디를 망치지 않게 해라. 아침의 고요함 속에서 나를 찾아라. 그러면 내가 너의 마음을 거룩한 음악으로 가득 채워 줄 것이다.

주님께서 나의 입에 새 노래를 우리 하나님께 드릴 찬송을 담아 주셨기에 수많은 사람들이 나를 보고 두려운 마음으로 주님을 의지하네.

—시편 40:3

MON

TUE

WED

THU

FRI

SAT

SUN

나의 보석, 내 딸아
너는 나의 귀하고 귀한 딸이다

나의 딸아, 나는 우리가 영원히 친밀한 관계를 맺을 수 있도록 대가를 지불하고 너를 나의 딸로 맞이했다. 우리는 조만간 아버지와 딸로 얼굴을 대면하여 만날 것이고, 내가 너를 위해 준비한 천국의 멋진 집을 네가 경험하게 될 것이다. 그 때까지 너의 눈을 하늘에 고정하고 나와 같이 걷자.

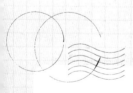

그리하여 나는 너희의 아버지가 되고, 너희는 내 자녀가 될 것이다. 나 전능한 주가 말한다.

—고린도후서 6:18

MON

TUE

WED

THU

FRI

SAT

SUN

January

나의 보석, 내 딸아
하늘에서 받을 놀라운 선물을 기대해라

나는 이 땅에서도 너의 삶을 축복하지만, 하늘에서 너를
기다리고 있는 영원한 기쁨과 축복의 선물은 네가 이
땅에서는 보지도 경험한 적도 없는 것이다.

보아라, 내가 곧 가겠다. 나는 각 사람에게 그 행위대로 갚아 주려고 상
을 가지고 간다. 나는 알파며 오메가, 곧 처음이며 마지막이요, 시작이
며 끝이다.

─요한계시록 22:12-13

MON

TUE

WED

THU

FRI

SAT

SUN

나의 보석, 내 딸아
다른 사람을 받아들여라

네가 할 일은 다른 사람들을 너처럼 만드는 게 아니고,
내가 너를 그대로 받아 준 것처럼 그들을 받아들이고,
그들이 내가 준 선물을 열 수 있도록 도와주는 것이다.

은사는 여러 가지지만, 그것을 주시는 분은 같은 성령이십니다

—고린도전서 12:4

MON

TUE

WED

THU

FRI

SAT

SUN

to do list

- [ ]
- [ ]
- [ ]
- [ ]
- [ ]
- [ ]
- [ ]
- [ ]
- [ ]
- [ ]
- [ ]
- [ ]

2
February

나의 보석, 내 딸아
능력 있는 기도를 해라

2

February

memo

SUN	MON	TUE

WED	THU	FRI	SAT

February

나의 보석, 내 딸아
능력 있는 기도를 해라

기도의 용사인 내 딸아, 너에게는 우주의 하나님인 나에게 너를 대신해서 개입해 달라고 요청할 수 있는 권한이 있다! 어떤 문제나 사람에 대해 네 힘으로 해결하려고 애쓰지 마라. 나는 길이 없어 보일 때 길을 만들 수 있는 자이다.

너희가 내 이름으로 구하는 것은 내가 무엇이든지 다 이루어 주겠다. 이것은 아들로 말미암아 아버지께서 영광을 받으시게 하려는 것이다. 너희가 무엇이든지 내 이름으로 구하면 내가 다 이루어 주겠다.

—요한복음 14:13-14

MON

TUE

WED

THU

FRI

SAT

SUN

나의 보석, 내 딸아
세상에서 나의 빛이 되어라

너는 세상을 비추는 나의 빛이다. 그러니 나와 함께 걷
자. 그러면 오늘 내가 나의 사랑과 능력으로 너의 삶을
환하게 밝혀 주마. 나를 의지해라. 그러면 네가 오늘 누
군가의 어둠에서 빛이 되게 해주마.

너희는 세상의 빛이다. 산 위에 세운 마을은 숨길 수 없다. 또 사람이 등
불을 켜서 말 아래에다 내려놓지 아니하고, 등경 위에다 놓아둔다. 그래
야 등불이 집 안에 있는 모든 사람에게 환히 비친다.

—마태복음 5:14-15

MON

TUE

WED

THU

FRI

SAT

SUN

나의 보석, 내 딸아
승리를 향해 달려라

인생이라는 인내의 경주에서 승리하고 싶다면 다른 사람의 인정을 받고 싶은 욕구는 내려 놓고 나의 뜻과 나의 즐거움을 구해라. 너를 누르고 있는 짐들을 벗고 단순하게 살아라. 나의 은혜로 너의 걸음이 가벼워지고, 나의 선대함으로 다른 사람들이 네게 오는 것을 보게 될 것이다.

....

....

....

....

....

....

경기장에서 달리기하는 사람들이 모두 달리지만 상을 받는 사람은 하나뿐이라는 것을 여러분은 알지 못합니까? 이와 같이 여러분도 상을 받을 수 있도록 달리십시오.

—고린도전서 9:24

MON

TUE

WED

THU

FRI

SAT

SUN

February

나의 보석, 내 딸아
나는 너의 길이다

네가 살아갈수록 나를 떠나서는 생명을 얻을 다른 길이
없다는 것을 알게 될 것이다. 나는 길이 없는 곳에 길을
만들 수 있다. 나는 너의 죄를 다 씻어 주고 몇 번이고
계속해서 새롭게 시작하게 할 수 있다.

나는 네 하나님 여호와다. 가장 좋은 것을 네게 가르치고 네가 가야 할
길로 이끄는 하나님이다.

—이사야 48:17, NIV

MON

TUE

WED

THU

FRI

SAT

SUN

February

나의 보석, 내 딸아
나의 마음으로 보아라

너의 눈을 나에게, 그리고 내가 하는 말에 고정해라. 그러면 네 주변에 일어나는 모든 일에서 일하고 있는 나의 손을 보게 될 것이다.

....

....

....

....

....

....

....

....

....

....

우리는 보이는 것을 바라보는 것이 아니라 보이지 않는 것을 바라봅니다. 보이는 것은 잠깐이지만 보이지 않는 것은 영원하기 때문입니다.

—고린도후서 4:18

MON

TUE

WED

THU

FRI

SAT

SUN

to do list

- [ ]
- [ ]
- [ ]
- [ ]
- [ ]
- [ ]
- [ ]
- [ ]
- [ ]
- [ ]
- [ ]
- [ ]

3
March

나의 보석, 내 딸아
시간을 귀하게 사용해라

3

March

SUN **MON** **TUE**

memo

나의 보석, 내 딸아
시간을 귀하게 사용해라

내가 너에게 준 시간은 영원히 소중한 것이며 네가 다른 사람에게 줄 수 있는 가장 중요한 것이기도 하다. 네 인생은 참으로 귀하다.

우리 사람들은 유익하고 보람 있는 일에
시간을 사용하기를 배워야 한다.

—디도서 3:14, CEV

MON

TUE

WED

THU

FRI

SAT

SUN

나의 보석, 내 딸아
나의 음성을 들어라

마음을 고요히 하고 귀를 기울이면 내가 너의 하늘 아
버지이고 너는 나의 귀한 딸이라는 것을 알게 될 것이
다. 그리고 나는 네가 내게 귀기울이는 순간을 좋아한다

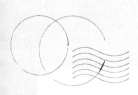

내 양은 내 음성을 들으며
나는 그들을 알며 그들은 나를 따르느니라.

—요한복음 10:27, 개역개정

MON

TUE

WED

THU

FRI

SAT

SUN

March

나의 보석, 내 딸아
결코 늦지 않았다

나의 딸아, 오늘 내게로 오너라. 내가 너의 상한 곳을 만져 주고, 네가 잃어버린 것을 회복시켜 주겠다. 먼 훗날 너는 내 뜻대로 공주의 모습으로 변화된 이 순간을 생애의 전환점으로 추억하게 될 것이다. 지금 내게로 오너라.

여호와의 말씀이다. 지금도 늦지 않았다.
이제라도 너희의 온 마음을 다해 내게 돌아오라.

—요엘 2:12, CEV

MON

TUE

WED

THU

FRI

SAT

SUN

나의 보석, 내 딸아
고난을 통해 승리해라

너를 누르고 있는 모든 상황들을 내게 넘겨주고 기도로
내게 오너라. 정원을 떠날 시간이 되면 내가 너와 함께
골짜기를 건너 곧바로 십자가로 갈 것이고 그곳에서 너
의 고난은 승리로 바뀔 것이다.

여러분은 믿음의 시련이 인내를 낳는다는 것을 알고 있습니다. 여러분
은 인내력을 충분히 발휘하여 조금도 부족함이 없이 완전하고 성숙한
사람이 되십시오.

—야고보서 1:3-4

MON

TUE

WED

THU

FRI

SAT

SUN

나의 보석, 내 딸아
너의 죄는 영원히 용서를 받았다

네가 죄를 고백하면 나는 그것을 망각의 바다에 던져 버리고 두 번 다시 보지도 기억하지도 않을 것이다. 그러니 나의 딸아, 너를 묶고 있는 죄를 이제는 놓아주고 자유롭고 충만한 삶을 살아라.

주님, 주님은 선하시며 기꺼이 용서하시는 분, 누구든지 주님께 부르짖는 사람에게는 사랑을 한 없이 베푸시는 분이십니다.

—시편 86:5

MON

TUE

WED

THU

FRI

SAT

SUN

to do list

- [ ]
- [ ]
- [ ]
- [ ]
- [ ]
- [ ]
- [ ]
- [ ]
- [ ]
- [ ]
- [ ]
- [ ]

4

April

나의 보석, 내 딸아
내가 너의 마음을 만져 줄게

4

April

SUN	MON	TUE

memo

나의 보석, 내 딸아
내가 너의 마음을 만져 줄게

나의 딸아! 너의 마음을 어루만져서 다시 건강하고 온전하게 회복시킬 수 있는 존재는 나뿐이다. 나 역시 큰 고통과 배척, 분노를 겪었단다. 그러나 우리는 모든 시험을 통과할 수 있다. 나는 폭풍이 지나고 난 후에 너를 나의 평안과 기쁨의 장소로 인도할 것이다.

_____

_____

_____

_____

_____

_____

_____

그러나 이제 야곱아, 너를 창조하신 주님께서 말씀하신다. 이스라엘아, 너를 지으신 주님께서 말씀하신다. "내가 너를 속량하였으니, 두려워하지 말아라. 내가 너를 지명하여 불렀으니, 너는 나의 것이다. 네가 물 가운데로 건너갈 때에 내가 너와 함께 하고 네가 강을 건널 때에도 물이 너를 침몰시키지 못할 것이다. 네가 불 속을 걸어가도 그을리지 않을 것이며, 불꽃이 너를 태우지 못할 것이다. ─이사야 43:1-2

MON

TUE

WED

THU

FRI

SAT

SUN

나의 보석, 내 딸아
네 상이 클 것이다

아무도 너를 주목하지 않을 때에도 나는 너를 보고 있다. 네가 아무도 돌보지 않는 다른 사람들의 필요를 채워 줄 때에도 나는 너를 보고 있다. 네가 세상 어디에서도 살 수 없고, 모든 이의 칭찬에서도 발견할 수 없는 상을 내가 너에게 줄 것이다.

보아라, 내가 곧 가겠다. 나는 각 사람에게 그 행위대로 갚아 주려고 상을 가지고 간다.

―요한계시록 22:12

MON

TUE

WED

THU

FRI

SAT

SUN

나의 보석, 내 딸아
나를 따라 오너라

너의 발은 나를 따를 때 가장 아름답다. 나는 길이요, 진리요, 생명이다. 내가 너에게 발을 준 것은 네가 평생 동안 나와 함께 걷도록 하기 위해서다. 나의 딸아, 나와 같이 걸어가자. 내가 이끄는 대로 네가 따라온다면, 너는 우리가 같은 방향으로 함께하는 여정에서 나를 느끼게 될 것이다.

놀랍고도 반가워라! 희소식을 전하려고 산을 넘어 달려오는 저 발이여! 평화가 왔다고 외치며 복된 희소식을 전하는구나. 구원이 이르렀다고 선포하면서 시온을 보고 이르기를 "너의 하나님께서 통치하신다" 하는구나.

—이사야 52:7

MON

TUE

WED

THU

FRI

SAT

SUN

나의 보석, 내 딸아
너는 나의 진정한 아름다움이다

너의 아름다움은 나의 손으로 빚은 예술작품이란다. 나는 네게 생명의 말을 하는 아름다운 입술을 주었고, 모든 것에서 나를 볼 수 있는 아름다운 눈을 주었다. 또 어려운 사람들을 도울 수 있는 아름다운 손을 주었고, 세상 사람들에게 나의 사랑을 비춰 줄 아름다운 얼굴을 주었다.

우리의 딸들은 궁전의 아름다움을 돋보이게 하는 조각 기둥들 같을 것입니다.

—시편 144:12, NIV

MON

TUE

WED

THU

FRI

SAT

SUN

April

나의 보석, 내 딸아
너는 나의 선물을 받은 자다

나는 너에게 영원한 생명을 선물로 주었다. 그러나 내가 주는 것은 그것만이 아니다. 네 안에 네가 열어 주기를 기다리고 있는 초자연 적인 놀라운 선물들을 두었단다.

각 사람은 은사를 받은 대로 하나님의 여러 가 지 은혜를 맡은 선한 관리인으로서 서로 봉사하십시오.

—베드로전서 4:10

MON

TUE

WED

THU

FRI

SAT

SUN

to do list

- [ ]
- [ ]
- [ ]
- [ ]
- [ ]
- [ ]
- [ ]
- [ ]
- [ ]
- [ ]
- [ ]
- [ ]

5
May

나의 보석, 내 딸아
너의 집을 평안으로 채워라

5

May

memo

SUN	MON	TUE

나의 보석, 내 딸아
너의 집을 평안으로 채워라

나의 딸아, 먼저 내가 네 안에 평안과 만족의 장소를 짓도록 해주길 바란다. 내 안에서 쉬고, 나를 기다리는 일에 최선을 다해라. 그러면 내가 너에게 가장 좋은 것을 줄 것이다. 나는 너의 가정이 내 안에서 사람들과 관계를 맺고 네가 나의 딸이라는 것을 드러내는 장소가 되기를 바란다.

나는 평화를 너희에게 남겨 준다. 나는 내 평화를 너희에게 준다. 내가 너희에게 주는 평화는 세상이 주는 것과 같지 않다. 너희는 마음에 근심하지 말고, 두려워하지도 말아라.

—요한복음 14:27

MON

TUE

WED

THU

FRI

SAT

SUN

May

나의 보석, 내 딸아
환난의 날에 너는 나와 함께 있다

나의 딸아, 지금은 보이지 않아도 너는 장차 불에 연단을 받고 나의 임재 가운데 정련된 귀한 은이 될 것이다. 내가 너를 태우려고 불 가운데 두지 않았다는 것을 기억해라. 네 마음이 힘들 때 나를 신뢰하고, 가장 뜨거운 불 속에서 내가 너를 위해 행하는 놀라운 일을 지켜보아라.

주님은 나의 힘, 나의 방패이시다.
내 마음이 주님을 굳게 의지하였기에, 주님께서 나를 건져 주셨다.
내 마음 다하여 주님을 기뻐하며 나의 노래로 주님께 감사하려다.

—시편 28:7

MON

TUE

WED

THU

FRI

SAT

SUN

May

나의 보석, 내 딸아
내가 너의 잃어버린 시간을
보상해 주겠다

나의 딸아, 기억해라. 나는 사람들이 네게 주었던 해로움을 선으로 바꿀 것이다. 잃어버린 것을 찾아 주고 너를 영원한 생명으로 가는 좁은 길에 둘 것이다.

....

....

....

....

....

....

....

....

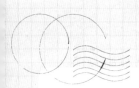

너희를 두고 계획하고 있는 일들은 오직 나만이 알고 있다. 내가 너희를 두고 계획하고 있는 일들은 재앙이 아니라 번영이다. 너희에게 미래에 대한 희망을 주려는 것이다. 나 주의 말이다.

—예레미야 29:11

MON

TUE

WED

THU

FRI

SAT

SUN

나의 보석, 내 딸아
너의 아름다운 손을 나를 위해 사용해라

나의 딸아, 내가 네게 아름다운 손을 준 것은 나의 사랑으로 사람들을 어루만져 주게 하기 위해서다. 너의 손을 나의 나라를 위해 사용하면 네가 하는 모든 일을 내가 축복하겠다.

내가 너와 함께 있으니, 두려워하지 말아라. 내가 너의 하나님이니, 떨지 말아라. 내가 너를 강하게 하겠다. 내가 너를 도와주고, 내 승리의 오른팔로 너를 붙들어 주겠다.

—이사야 41:10

MON

TUE

WED

THU

FRI

SAT

SUN

나의 보석, 내 딸아
생명의 말을 해라

너의 말은 어떤 값진 보석보다 귀하다. 매일 기도로 내게 오너라. 내가 너의 입을 사랑과 지혜와 격려로 가득 채워서 너의 입이 너를 보는 모든 사람들을 위한 나의 걸작품이 되게 하겠다.

그리스도의 말씀이 여러분 가운데 풍성히 살아 있게 하십시오. 온갖 지혜로 서로 가르치고 권고하십시오. 감사한 마음으로 시와 찬미와 신령한 노래로 여러분의 하나님께 마음을 다하여 찬양하십시오. 그리고 말이든 행동이든 무엇을 하든지, 모든 것을 주 예수의 이름으로 하고, 그분에게서 힘을 얻어서, 하나님 아버지께 감사를 드리십시오.

—골로새서 3:16-17

MON

TUE

WED

THU

FRI

SAT

SUN

to do list

- [ ]
- [ ]
- [ ]
- [ ]
- [ ]
- [ ]
- [ ]
- [ ]
- [ ]
- [ ]
- [ ]
- [ ]

6
June

나의 보석, 내 딸아
네가 심겨진 곳에서 자라거라

6

June

memo

SUN		MON		TUE

나의 보석, 내 딸아
네가 심겨진 곳에서 자라거라

내가 나의 거룩한 말로 네게 물을 주게 해다오. 그러면
너는 어디에 심겨져 있든지 활짝 꽃피기 시작할 것이다.
기도로 내게 와서 내가 나의 영으로 네게 힘을 주게 해
다오. 비록 지금은 너의 수고에 대한 추수를 보지 못할
지라도 내가 약속하건데 언젠가 사람들이 네가 베풀었
던 친절과 지혜로운 말들, 사랑을 기억하게 될 것이다.

하나님을 사랑하는 사람들, 곧 하나님의 뜻대로 부르심을 받은 사람들
에게는 모든 일이 서로 협력해서 선을 이룬다는 것을 우리는 압니다.

— 로마서 8:28

MON

TUE

WED

THU

FRI

SAT

SUN

나의 보석, 내 딸아
절대 타협하지 마라

악한 바람이 너의 믿음의 불길을 꺼버리려고 하거나 타협하라고 유혹할 때마다 나의 진리 위에 굳게 서라. 나는 너의 든든한 반석이고 나의 능력 안에서 너는 어떤 것이든 이길 수 있다.

여러분은 사람이 흔히 겪는 시련 밖에 다른 시련을 당한 적이 없습니다. 하나님은 신실하십니다. 여러분이 감당할 수 있는 능력 이상으로 시련을 겪는 것을 하나님은 허락하지 않으십니다. 하나님께서는 시련과 함께 그것을 벗어날 길도 마련해 주셔서 여러분이 그 시련을 견디어 낼 수 있게 해주십니다. —고린도전서 10:13

MON

TUE

WED

THU

FRI

SAT

SUN

June

나의 보석, 내 딸아
생명의 길로 걸어라

나의 말씀 안에서 너는 지혜와 방향을 알려 주는 표지
판을 발견하게 될 것이다. 그러니 나의 딸아, 말씀 읽기
를 계속하고 생명의 길로 계속 걸어라.

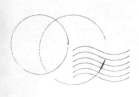

내가 너희에게 준 명령을 잘 따르고 너희 하나님 여호와를 사랑하고
그 분의 모든 길로 행하며 그 분을 단단히 붙들어라.

—신명기 11:22, NIV

MON

TUE

WED

THU

FRI

SAT

SUN

나의 보석, 내 딸아
왕족답게 입어라

나는 너의 내면과 외모를 바꾸는 전문가이다. 어떤 패션 디자이너 보다 너를 더 아름답게 꾸밀 수 있다. 너의 아름다움은 네가 나를 드러낼 때 빛을 발할 것이다.

고운 것도 거짓되고 아름다운 것도 헛되지만, 주님을 경외하는 여자는 칭찬을 받는다.

—잠언 31:30

MON

TUE

WED

THU

FRI

SAT

SUN

June

나의 보석, 내 딸아
나는 너의 평안이다

혼돈과 혼란 가운데서 나는 항상 너의 피난처, 평안의 처소가 되어 줄 것이다. 나의 딸아, 내가 네게 공짜로 주는 이 평안을 다른 사람들과 함께 나누기를 바란다.

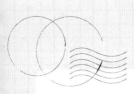

나는 평화를 너희에게 남겨 준다. 나는 내 평화를 너희에게 준다. 내가 너희에게 주는 평화는 세상이 주는 것과 같지 않다. 너희는 마음에 근심하지 말고, 두려워하지도 말아라.

―요한복음 14:27

MON

TUE

WED

THU

FRI

SAT

SUN

to do list

- [ ]
- [ ]
- [ ]
- [ ]
- [ ]
- [ ]
- [ ]
- [ ]
- [ ]
- [ ]
- [ ]
- [ ]

7

July

나의 보석, 내 딸아
나는 너에게 가장 좋은 것을 준단다

7

July

memo

SUN	MON	TUE

WED	THU	FRI	SAT

July

나의 보석, 내 딸아
나는 너에게 가장 좋은 것을 준단다

내가 너의 고통을 인내의 열정으로 바꾸게 해다오. 너
자신을 나의 완벽한 계획에 맡겨다오. 나는 너에게 가장
좋은 것을 주고 싶어 한다는 것을 기억해다오.

. . . .

. . . .

. . . .

. . . .

. . . .

. . . .

. . . .

. . . .

. . . .

주님은 너를 지키시는 분. 주님은 네 오른쪽에 서서 너를 보호하는 그늘
이 되어 주시니.

—시편 121:5

MON

TUE

WED

THU

FRI

SAT

SUN

나의 보석, 내 딸아
조건 없이 사랑해라

기억해라. 나처럼 완벽하게 너를 사랑할 사람은 없다. 인간관계에서 오는 실망을 내게 넘겨준다면 너는 조건 없이 사랑을 주고받을 수 있을 것이다. 나의 딸아, 기억해라. 사랑을 받을 자격이 가장 부족한 사람에게 사랑이 가장 필요하단다.

무엇보다도 먼저 서로 뜨겁게 사랑하십시오.
사랑은 허다한 죄를 덮어 줍니다.

—베드로전서 4:8

MON

TUE

WED

THU

FRI

SAT

SUN

July

나의 보석, 내 딸아
나는 무엇이든 할 수 있다

나의 딸아, 나의 능력은 바로 너를 위한 것이란다. 네가
믿지 못한다 해도 사실이다. 오늘도 나의 전능한 손이
너의 삶 속에서 일하고 있다. 그것을 보지 못하도록 방
해하는 것은 바로 너 자신이다.

주님께서 모세에게 대답하셨다. "나의 손이 짧아지기라도 하였느냐?
이제 너는 내가 말한 것이 너에게 사실로 이루어지는지 그렇지 아니한
지를 볼 것이다."

—민수기 11:23

MON

TUE

WED

THU

FRI

SAT

SUN

나의 보석, 내 딸아
내게 붙어 있어라

내 딸아, 잊지 마라. 네가 어떤 행동을 하고 무슨 말을 하든지 너를 향한 나의 사랑은 변함이 없다. 그러니 항상 내게 붙어 있어라. 그러면 너는 많은 열매를 맺게 될 것이다.

......

......

......

......

......

......

......

......

나는 포도나무요, 너희는 가지이다. 사람이 내 안에 머물러 있고 내가 그 안에 머물러 있으면, 그는 많은 열매를 맺는다. 너희는 나를 떠나서는 아무것도 할 수 없다.

—요한복음 15:5

MON

TUE

WED

THU

FRI

SAT

SUN

나의 보석, 내 딸아
너의 생각을 지켜라

너의 선택에 따라 너는 풍성하고 축복된 삶, 다른 사람들에게 좋은 영향을 주는 삶을 살 수도 있고, 세상적인 방법을 따라가는 삶을 살 수도 있다. 나, 너의 하나님이 오늘 너에게 간절히 요청한다. 너의 생각을 지켜서 네가 영원히 누리고 싶은 삶을 살아라.

그리하면 사람의 헤아림을 뛰어 넘는 하나님의 평화가 여러분의 마음과 생각을 그리스도 예수 안에서 지켜 줄 것입니다.

—빌립보서 4:7

MON

TUE

WED

THU

FRI

SAT

SUN

to do list

- [ ]
- [ ]
- [ ]
- [ ]
- [ ]
- [ ]
- [ ]
- [ ]
- [ ]
- [ ]
- [ ]
- [ ]

8

August

나의 보석, 내 딸아
좀 쉬어라

8

August

SUN	MON	TUE

memo

WED   THU   FRI   SAT

나의 보석, 내 딸아
좀 쉬어라

일주일 중 하루는 모든 일을 쉼으로 믿음의 발걸음을 내딛어라. 네가 나의 말에 순종하면 나는 너의 시간을 배가하고 평일에 모든 일을 완수할 수 있도록 초자연적인 능력을 주겠다.

수고하며 무거운 짐을 진 사람은 모두 내게로 오너라.
내가 너희를 쉬게 하겠다.

—마태복음 11:28

MON

TUE

WED

THU

FRI

SAT

SUN

나의 보석, 내 딸아
쉬지 말고 기도해라

네가 요청하기만 하면 내가 어디에서든 너의 발걸음을
지켜 줄 것이다. 운전하면서도 기도하고, 음식을 만들면
서도 기도하고, 세탁을 하고 심부름을 하는 동안에도 기
도해라.

....

....

....

....

....

....

....

온갖 기도와 간구로 언제나 성령 안에서 기도하십시오. 이것을 위하여
늘 깨어서 끝까지 참으면서 모든 성도를 위하여 간구하십시오.

—에베소서 6:18

MON

TUE

WED

THU

FRI

SAT

SUN

나의 보석, 내 딸아
마음의 문을 열어라

나의 딸아, 지금도 늦지 않았다. 오늘 너의 어두운 마음의 문을 열고 내가 들어갈 수 있게 해다오. 따뜻한 햇볕과 부드러운 바람처럼 너의 마음을 새롭고 풍성하게 해주고 싶다.

....

....

....

....

....

....

....

....

....

보아라, 내가 문 밖에 서서 문을 두드리고 있다. 누구든지 내 음성을 듣고 문을 열면 나는 그에게로 들어가서 그와 함께 먹고 그는 나와 함께 먹을 것이다.

—요한계시록 3:20

MON

TUE

WED

THU

FRI

SAT

SUN

August

나의 보석, 내 딸아
너는 귀히 쓰일 그릇이다

나는 최고의 토기장이이고, 너는 진흙이다. 네가 내 손에 빚어지고 나의 쓰임을 받고 싶어 하는 것을 내가 안다. 나는 너를 귀히 쓰이는 그릇이 되도록 창조했다.

....

....

....

....

....

....

....

....

....

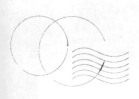

그러므로 누구든지 이러한 것들로부터 자신을 깨끗하게 하면, 그는 주인이 온갖 좋은 일에 요긴하게 쓰는 성별된 귀한 그릇이 될 것입니다.

—디모데후서 2:21

MON

TUE

WED

THU

FRI

SAT

SUN

나의 보석, 내 딸아
유혹에 넘어가지 마라

딸아, 유혹의 함정에 걸려들기 전에 내게 부르짖어라. 내가 피할 길을 주겠다. 나를 찾아라. 내가 이길 힘을 주겠다. 네가 나의 선함을 맛보아 알수록 일시적인 쾌락을 덜 갈망하게 될 것이다.

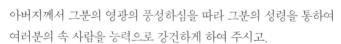

아버지께서 그분의 영광의 풍성하심을 따라 그분의 성령을 통하여 여러분의 속 사람을 능력으로 강건하게 하여 주시고.

—에베소서 3:16

MON

TUE

WED

THU

FRI

SAT

SUN

to do list

- [ ]
- [ ]
- [ ]
- [ ]
- [ ]
- [ ]
- [ ]
- [ ]
- [ ]
- [ ]
- [ ]
- [ ]

9

September

나의 보석, 내 딸아
나로 인해 너의 삶에 만족해라

9

September

memo

SUN		MON		TUE

나의 보석, 내 딸아
나로 인해 너의 삶에 만족해라

내가 너의 보물이 되게 해라. 그러면 돈으로 살 수 있는
어떤 것보다 아름답고 풍성한 삶을 너에게 줄 것이다.

나는 비천하게 살 줄도 알고, 풍족하게 살 줄도 압니다. 배부르거나, 굶
주리거나, 풍족하거나, 궁핍하거나, 그 어떤 경우에도 적응할 수 있는
비결을 배웠습니다. 나에게 능력을 주시는 분 안에서, 나는 모든 것을
할 수 있습니다.

—빌립보서 4:12-13

MON

TUE

WED

THU

FRI

SAT

SUN

September

나의 보석, 내 딸아
열심을 내어 말씀을 읽어라

내 딸아, 네가 나의 말씀에 열심을 내었으면 좋겠다. 나의
말씀을 읽을수록 너는 나를 더 많이 원하게 될 것이다.
사람이나 다른 어떤 것이 그 시간을 빼앗지 않게 해라.

주님의 말씀은 내 발의 등불이요, 내 길의 빛입니다.

—시편 119:105

MON

TUE

WED

THU

FRI

SAT

SUN

나의 보석, 내 딸아
잃어버린 영혼들을 내게로 인도해라

나는 네 안에서 너와 함께 살고 있다. 나의 능력이 너의 삶에 있기 때문에 너에게는 나를 알아야 할 모든 사람들에게 그 길을 보여 줄 능력이 있다.

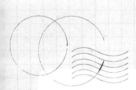

그것은, 하나님께서 그리스도 예수 안에서 우리에게 자비로 베풀어주신 그 은혜가 얼마나 풍성한지를 장차 올 모든 세대에게 드러내 보이시기 위함입니다.

—에베소서 2:7

MON

TUE

WED

THU

FRI

SAT

SUN

나의 보석, 내 딸아
너의 죄를 내게 고백해라

딸아, 나는 네가 내게로 와서 죄를 고백하는 소리를 듣는
것이 좋다. 나는 너의 피난처이며 너의 구원이다. 내가
감당할 수 없기 때문에 네가 내게 하지 못할 말은 없다.

드디어 나는 내 죄를 주님께 아뢰며 내 잘못을 덮어두지 않고 털어놓았
습니다. "내가 주님께 거역한 나의 죄를 고백합니다" 하였더니, 주님께
서는 나의 죄악을 기꺼이 용서하셨습니다.

―시편 32:5

MON

TUE

WED

THU

FRI

SAT

SUN

나의 보석, 내 딸아
너는 새것이다

너의 하늘 아버지로서 내가 네게 요구한다. 너를 위해 더 높은 기준을 설정해라. 네가 새사람이 되지 못하도록 막고 있는 옛 습관을 버려라.

누구든지 그리스도 안에 있으면, 그는 새로운 피조물입니다.
옛 것은 지나갔습니다. 보십시오, 새 것이 되었습니다.

—고린도후서 5:17

MON

TUE

WED

THU

FRI

SAT

SUN

to do list

- [ ]
- [ ]
- [ ]
- [ ]
- [ ]
- [ ]
- [ ]
- [ ]
- [ ]
- [ ]
- [ ]

10

October

나의 보석, 내 딸아
너는 나의 최고의 작품이다

10

October

memo

SUN	MON	TUE

WED ⚪   THU ⚪   FRI ⚪   SAT ⚪

나의 보석, 내 딸아
너는 나의 최고의 작품이다

나는 내가 창조한 것을 사랑한다. 내 딸아, 나는 너를 기뻐한다! 네가 완벽하지 않다고 불안해하지 마라. 나는 너를 나의 형상대로 지었고, 너의 독특함은 내가 준 선물이다.

우리는 하나님의 작품입니다. 선한 일을 하게 하시려고, 하나님께서 그리스도 예수 안에서 우리를 만드셨습니다. 하나님께서 이렇게 미리 준비하신 것은, 우리가 선한 일을 하며 살아가게 하시려는 것입니다.

—에베소서 2:10

MON

TUE

WED

THU

FRI

SAT

SUN

나의 보석, 내 딸아
내가 너를 거룩하게 구별했다

나의 딸아, 완벽하려고 자신을 압박하지 마라. 너를 완전하게 할 수 있는 자는 나뿐이다. 다만 내가 너를 구별해서 세상 사람들 앞에 증인으로 세우도록 허락해다오.

내가 너를 모태에서 짓기도 전에 너를 선택하고, 네가 태어나기도 전에 너를 거룩하게 구별해서, 뭇 민족에게 보낼 예언자로 세웠다.

—예레미야 1:5

MON

TUE

WED

THU

FRI

SAT

SUN

나의 보석, 내 딸아
내 앞에서 울어라

내 딸아, 나만이 치유할 수 있는 네 마음의 상처를 내려
놓아라. 네가 우는 동안 너의 하늘 아버지가 너를 품고
있게 해다오. 내가 너의 마음을 만질 수 있게 해다오.

눈물을 흘리며 씨를 뿌리는 사람은 기쁨으로 거둔다.

—시편 126:5

MON

TUE

WED

THU

FRI

SAT

SUN

October

나의 보석, 내 딸아
인생의 키를 내게 넘겨라

나는 깨어진 조각을 모아서 이전보다 훨씬 좋게 만들 수 있는 자이다. 너의 인생의 키를 내게 넘겨라. 험한 풍랑 속에서도 너는 언제나 나와 함께 있고 안전할 것이다!

그래서 제자들이 다가가서 예수를 깨우고서 말 하였다. "선생님, 선생님, 우리가 죽게 되었습니다." 예수께서 깨어나서, 바람과 성난 물결을 꾸짖으시니, 바람과 물결이 곧 그치고 잔잔해졌다.

—누가복음 8:24

MON

TUE

WED

THU

FRI

SAT

SUN

October

나의 보석, 내 딸아
아낌없이 베풀어라

나의 딸아, 어려운 자들에게 도움의 손길을 베푸는 네 모습과 마음을 내가 좋아한다. 네가 나를 위해 네 자신을 희생하고 내어 줄 때마다 진정한 평안과 기쁨의 근원을 발견하게 될 것이다.

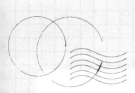

내가 진정으로 너희에게 말한다. 너희가 그리스도의 사람이라고 해서 너희에게 물 한 잔이라도 주는 사람은, 절대로 자기가 받을 상을 잃지 않을 것이다.

—마가복음 9:41

MON

TUE

WED

THU

FRI

SAT

SUN

11

November

나의 보석, 내 딸아
가치 있는 것에 네 인생을 걸어라

11

November

memo

SUN	MON	TUE

WED	THU	FRI	SAT

나의 보석, 내 딸아
가치 있는 것에 네 인생을 걸어라

나의 딸아, 이것을 생각해 보렴. 장차 내가 너를 위해 열심히 준비한 아름다운 하늘을 볼 때 너는 나를 위해 살 만한 가치가 있었다고 고백하게 될 것이다. 나의 나라는 투자할 가치가 확실하단다.

생명을 속량하는 값은 값으로 매길 수 없이 비싼 것이어서,
아무리 벌어도 마련할 수 없다.

—시편 49:8

MON

TUE

WED

THU

FRI

SAT

SUN

나의 보석, 내 딸아
너를 포장하지 마라

내가 원하는 것은 네 모습 그대로 나와 함께하며 자유함을 누리는 것이다. 네가 진정한 너를 찾아갈수록 다른 사람들과의 관계도 좋아질 것이다.

....

....

....

....

....

....

....

....

주님은 영이십니다.
주님의 영이 계신 곳에는 자유가 있습니다.

—고린도후서 3:17

MON

TUE

WED

THU

FRI

SAT

SUN

나의 보석, 내 딸아
네 입을 지켜라

나의 딸아, 기억해라. 너의 말에는 생명과 사망의 권세가 있다. 너는 날마다 다른 사람들에 대해 이야기할 기회를 갖게 될 것이다. 부탁인데 너의 대화를 내가 다스리게 해다오.

나쁜 말은 입 밖에 내지 말고, 덕을 세우는 데에 필요한 말이 있으면, 적절한 때에 해서, 듣는 사람에게 은혜가 되게 하십시오.

—에베소서 4:29

MON

TUE

WED

THU

FRI

SAT

SUN

나의 보석, 내 딸아
죄의식에서 벗어나라

나의 딸아, 모든 사람이 죄를 지었고 나의 영광에 미치지 못하였다. 그러니 너도 넘어질 때 네 자신을 용서하거라. 네가 내게 부르짖으며 회개할 때 내가 너를 일으켜 주겠다.

너희는 지나간 일을 기억하려고 하지 말며, 옛일을 생각하지 말아라.
내가 이제 새 일을 하려고 한다.

—이사야 43:18-19

MON

TUE

WED

THU

FRI

SAT

SUN

나의 보석, 내 딸아
너의 성전을 정결케 해라

사랑하는 딸아, 너는 특별한 보석이란다. 너는 나의 성전이고 나는 네 안에 살고 있다. 나는 너를 나의 성령이 사는 거룩한 곳으로 창조했다. 나는 네가 모든 세상이 볼 수 있는 찬란하고 빛나는 나의 작품이 되기를 바란다.

여러분은 하나님의 성전이며, 하나님의 성령이 여러분 안에 거하신다는 것을 알지 못합니까? 누구든지 하나님의 성전을 파괴하면, 하나님께서도 그 사람을 멸하실 것입니다. 하나님의 성전은 거룩합니다. 여러분은 하나님의 성전입니다.

—고린도전서 3:16-17

MON

TUE

WED

THU

FRI

SAT

SUN

to do list

- [ ]
- [ ]
- [ ]
- [ ]
- [ ]
- [ ]
- [ ]
- [ ]
- [ ]
- [ ]
- [ ]
- [ ]

12

December

나의 보석, 내 딸아
너는 나의 기쁨이다

12

December

memo

SUN	MON	TUE

December

나의 보석, 내 딸아
너는 나의 기쁨이다

오직 나만이 너의 눈물을 기쁨으로 바꾸고 네 마음의 공허함을 채울 수 있다. 그러니 내 안에서 기뻐해라. 그러면 풍성한 삶을 살게 될 것이다. 너는 나의 기쁨이란다.

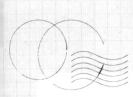

우리가 걷는 길이 주님께서 기뻐하시는 길이면,
우리의 발걸음을 주님께서 지켜 주시고.

— 시편 37:23

MON

TUE

WED

THU

FRI

SAT

SUN

December

나의 보석, 내 딸아
나의 때를 기다려라

너를 위한 나의 꿈들은 네가 꿈꿀 수 있는 것보다 훨씬 크다는 것을 믿어라. 나의 축복의 때를 끈기 있게 기다리면 너는 더 멀리 달릴 수 있고 더 높이 날 수 있다. 지금 내게로 가까이 와라. 이 기다림의 시기가 너에게 가장 좋은 보상을 선사할 것이다.

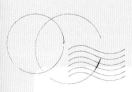

오직 주님을 소망으로 삼는 사람은 새 힘을 얻으리니, 독수리가 날개를 치며 솟아오르듯 올라갈 것이요, 뛰어도 지치지 않으며, 걸어도 피곤하지 않을 것이다.

— 이사야 40:31

MON

TUE

WED

THU

FRI

SAT

SUN

December

나의 보석, 내 딸아
나는 너를 섬기러 왔다

네 자신이 귀하게 느껴지지 않을 때에도 나의 딸아, 너의 왕인 내가 너를 섬기기 위해 이 땅에 왔다는 사실을 잊지 마라. 나는 너를 창조했을 뿐만 아니라 너의 삶을 붙들고 있고, 너의 심령을 위로하고, 너의 필요를 공급한다.

인자는 섬김을 받으러 온 것이 아니라 섬기러 왔으며,
많은 사람을 위하여 자기 목숨을 몸값으로 치러 주려고 왔다.

— 마태복음 20:28

MON

TUE

WED

THU

FRI

SAT

SUN

나의 보석, 내 딸아
나는 한없이 너를 사랑한다

나는 너의 연인이다. 내가 너의 모든 필요를 채우게 해다오. 엉뚱한 곳에서 거짓된 사랑을 찾는 일은 이제 그만 두어라. 내가 너의 마음을 온전히 사로잡아서 영원한 사랑으로 채울 수 있게 해다오.

지식을 초월하는 그리스도의 사랑을 알게 되기를 빕니다. 그리하여 하나님의 온갖 충만하심으로 여러분이 충만하여지기를 바랍니다.

— 에베소서 3:19

MON

TUE

WED

THU

FRI

SAT

SUN

나의 보석, 내 딸아
너는 영원히 기억될 것이다

네가 나의 소명에 따라 살아가는 모습을 지켜본 모든 사람들을 나의 영이 인도하고, 그들에게 소망을 줄 것이다. 그러니 소망을 잃지 말고 나와 함께 이 영광스러운 행진을 계속하자.

할렐루야. 주님을 경외하고 주님의 계명을 크게 즐거워하는 사람은 복이 있다. 그의 자손은 이 세상에서 능력 있는 사람이 되며, 정직한 사람의 자손은 복을 받으며, 그의 집에는 부귀와 영화가 있으며, 그의 의로움은 영원토록 칭찬을 받을 것이다.

— 시편 112:1-3

MON

TUE

WED

THU

FRI

SAT

SUN

Les bouquet se fl
avec mon nat
sevente

Les bouquet de fl
avec mon ...
...